LONG LEAVES
(love poems)

POETRY

Paulo Moraes

LONG LEAVES

POETRY

Paulo Moraes

2017

Editora PASA MORAES

ÍNDICE

1 - METAIS DEFENSIVOS   10
1 - DEFENSIVE METALS   12
2 - ACONTECE   14
2 - IT HAPPENS   16
3 - AINDA ME LEMBRO   18
3 - I STILL REMEMBER   20
4 - ÁGUIA DE VERNIZ   22
4 - VERNIZ EAGLE   24
5 - AMO SUA VOZ   26
5 - I LOVE YOUR VOICE   27
6 - AMOR PRÁ VALER   28
6 - LOVE FOR REAL   29
7 - ANTES DE CONHECER-TE   30
7 - BEFORE KNOW YOU   32
8 - AS CHAVES DOS TEUS SONHOS   34
8 - THE KEYS OF YOUR DREAMS   36
9 - AUSÊNCIA E REGRESSO   38
9 - ABSENCE AND RETURN   39
10 - AUSÊNCIA E REGRESSO II   40
10 - ABSENCE AND RETURN II   42
11 - AUSÊNCIA E REGRESSO III   44
11 - ABSENCE AND RETURN III   45
12 - CALEIDOSCÓPIO   46
12 – KALEIDOSCOPE   47

13 - COMPLEMENTARES   48
13 – COMPLEMENTARY   50
14 - CONFIANTES   52
14 – CONFIDENTS   54
15 - DANÇANDO NO CÉU   56
15 - DANCING IN HEAVEN   58
16 - DE OURO E DE LUZ   60
16 - OF GOLD AND LIGHT   62
17 - DEIXEI PEGADAS NO MAR   64
17 - I LEFT FOOTPRINT IN THE SEA   66
18 - CUMPLICIDADE DAS ROSAS   68
18 - COMPLICITY OF ROSES   69
19 – DESPEDIDA   70
19 – FAREWELL   72
20 – DIFERENTE   74
20 – DIFFERENT   76
21 - DISTANTE   78
21 – DISTANT   80
22 - DÚVIDA   82
22 – DOUBT   84
23 - EU TE AMO   86
23 - I LOVE YOU   88
24 - EU TE RECEBO NO MEU ESPAÇO   90
24 - I RECEIVE YOU IN MY SPACE   92
25 - HOJE DESCOBRI QUE A AMO   94
25 - TODAY I DISCOVERED THAT I LOVE YOU   96

26 - IMPETUOSAS ESTRELAS PERFUMADAS   98
26 - IMPETUATED PERFUMED STARS   100
27 - LAVAR O SOL   102
27 - WASHING THE SUN   104
28 – ESCONDIDO   106
28 – HIDDEN   107
29 - MEUS PENSAMENTOS VAGAM   108
29 - MY THOUGHTS TODDLES   110
30 - MIL E UMA LUAS   112
30 - THOUSAND AND ONE MOONS   114
31 - MORENA DO EQUADOR   116
31 - BRUNETTE FROM ECUADOR   118
32 - MORRER DE AMOR   120
32 - DYING OF LOVE   123
33 - NÃO FICA TRISTE PRINCESA   126
33 - DO NOT BE SAD PRINCESS   127
34 - NÃO ME ACORDEM   128
34 - DO NOT WAKE UP ME   130
35 - NINGUÉM SABERÁ DIZER   132
35 - NO ONE WILL KNOWS TO SAY   133
36 - O AMOR É O MEU ESTADO DE SER   134
36 - LOVE IS MY WAY OF BEING   136
37 - O AMOR É UM LAPSO   138
37 - LOVE IS A LAPSE   139
38 - O SOL CRESCIA NUMA MANHÃ   140
38 - THE SUN GREW IN AN OBSTINATED   143
39 - PLENITUDE   144

39 - PLENITUDE   145
40 - POEMAS E SONHOS   146
40 - POEMS AND DREAMS   147
41 - PROTEGIDA   148
41 - PROTECTED   1510
42 - RECOLHI-ME AO GESTO DO TEU   152
42 - I WITHDRAW MYSELF TO THE GESTURE   154
43 - SEREIA RECORRENTE   156
43 - RECORRENT MERMAID   158
44 - SETEMBRO   160
44 - SEPTEMBER   163
45 - SONÂMBULO   166
45 - SONAMBULANT   168

"And I shut my eyes

To feel this reality better,

As if with my eyes closed

I saw worthier the texture and the softness of your skin,

The length of your legs,

The sigh releasing from your throat."

"e fecho meus olhos

para sentir melhor essa realidade

como se de olhos fechados

visse melhor a textura e a maciez da sua pele

o comprimento de suas pernas

o suspiro que liberta-se de sua garganta"

1 - METAIS DEFENSIVOS

Cingido com meus metais defensivos
chego no fundo de ti,
nos esconderijos teus mais secretos
e entro como um vento inesperado e prometido
e tu estremeces permanecida
e te seguras nos braços das estrelas
com os olhos fechados e pálpebras trêmulas.

Eu movo meu repertório
de morangos implacáveis e nítidos.
Entro com uma flor rubra
e toco as intenções da tua sonoridade.

Elas sobem pelas minhas raízes
e explodem frutas em todo o pomar.
O vento toca tua pele,
e tua boca abre-se num suspiro
de lábios em prece, de uma Lua branca e nua.

Nesse momento o mar entrega-se às areias,
em ondas inumeráveis e continuadas.
Passa rapidamente a silhueta de um corcel
de indefinida névoa sublimada.
Então tudo cessa, o vento recolhe-se
e as ondas descansam submergidas no mar.

E sobrevém a pacificação silenciosa da quietude,
imóvel como a cor da eternidade.
Mas as chamas continuarão ardendo
na clausura de outras profundezas entreabertas.

1 - DEFENSIVE METALS

Girded with my defensive metals
I reach the depth of you,
Into your most secret hiding places.
And enter like an unexpected and promised wind
And you shiver remained
And hold you in the arms of the stars
With closed eyes and trembling eyelids.

I move my repertoire
Of implacable and clear strawberries.
I enter with a red flower
And I touch the intentions of your sonority.

They rise by my roots
And explode fruit throughout the orchard.
The wind smooth your skin,
And your mouth opens in a sigh of prayerful lips,
Of a white and naked Moon.

At that moment the sea surrenders to the sands,
In innumerable and continuous waves.
Quickly passes the silhouette of a steed
Of indefinite sublimated mist.
Then everything ceases, the wind recoils
And the waves rest submerged in the sea.

And then comes the silent pacification of stillness,
Motionless as the color of eternity.
But the flames will continue to burn
In the enclosure of other half-open depths.

2 - ACONTECE

Ela parou bem perto de mim.
Ela sorriu.
Não entendi.

Seus olhos fisgaram os meus.
Sorriu.
Gelei.
De seus olhos não duvidei.
Sorri.
Acenei.
Ofereci o melhor de mim.
Não sei.
Insisti.

Às primeiras luzes da manhã,
Convenci-me.
Aconteceu.

Os cabelos longos em cascata
Descendo do travesseiro,
Soltaram reflexos e faíscas,
Quando um maroto raio de sol
Entrou por entre as cortinas.

2 - IT HAPPENS

She stopped right next to me.
She smiled.
I did not understand.

His eyes caught mine.
She smiled.
I congealed.
I did not doubt his eyes.
I Smiled.
I waved.
I offered the best of myself.
Do not know.
I insisted.

At first light of morning,
I convinced myself.
It happened.

Her long hair in cascade manner
Coming down from the pillow,
Released reflexes and sparks,
When a indiscreet sunbeam
Entered through the curtains.

3 - AINDA ME LEMBRO

Ainda me lembro
quando teus braços eram madrugada
e só o vento conversava na cortina.

O entendimento e o sentido
dispensavam as palavras ditas.
E havia murmúrios
que se fundiam à eternidade.

Existia um despregamento das horas.
Os ponteiros do relógio
marcavam os segundos com passos trôpegos.
O tempo pesava como chumbo
naqueles momentos descolados da realidade.

O teu corpo soletrava canções
na doçura dos arrepios correndo na espinha.

Um calafrio derramava-se sobre os teus ombros,
sob a palidez turva da luz sublimada.

Então, teus olhos meigos repousavam
na serenidade da curva da noite,
que já entornava a escuridão,
rascunhando os sussurros da aurora.

3 - I STILL REMEMBER

I still remember
When your arms were dawn
And only the wind spoke in the curtain.

Understanding and sense
Dismissed the words spoken.
And there were murmurs
Which merged into eternity.

There was an unpining of the hours.
The clock pointers
Marked the seconds with stumbling steps.
Time weighed like lead
In those moments detached from reality.

Your body spelled songs
In the sweetness of the shivers running down the spine.

A thrill spilled over your shoulders,
Under the dim pallor of sublimated light.

Then your tender eyes rested
In the serenity of the curve of the night,
Which was already effusing the darkness,
Sketching the whispers of dawn.

4 - ÁGUIA DE VERNIZ

O tempo é escultor implacável que me confunde
e acho que amo mais você amanhã este mês
do que ontem e tanto mais hoje nesta semana,
que já descuido essa desproporção de emoções.

Idéias que me fazem ter inusitadas ideologias.
Desenharei dias intencionais com sentimentos,
e plantarei reverentes flores de ajustamento,
nos jardins agitados de botões cerimoniosos.

As hastes mesureiras balançam para respirar
você
com a vida que exala alegria em lugares
inauditos.

Cada pétala terá a ambição de segundos de eras,
e ramalhetes de minutos e horas brotarão azuis.

Quando caminharmos sobre almejados sonhos,
Voaremos na alvura das asas de cristal dos ares,
Como águias de penas de verniz esfuziante.

Serei a proteção e a segurança de você dormir.

4 - VERNIZ EAGLE

Time is a relentless sculptor who confuses me
And I think I love you more tomorrow this month.
Than yesterday and so much more this week,
Anda I already neglected this disproportion of emotions.

Ideas that make me have unusual ideologies.
I will draw intentional days with feelings,
And plant reverent flowers of adjustment,
In the agitated gardens of ceremonious buds.

The ceremonial shafts to breathe you
With thelife that exudes joy in unprecedented places.

Each petal will have the ambition of seconds of ages,

And bouquets of minutes and hours will sprout blue.

When we walk on longing over the aimedr dreams,
We will fly in the whiteness of the crystal wings of the air,
Like eagles with feathers of glazing varnish.

I will be the protection and security of your sleep.

5 - AMO SUA VOZ

Amo a sua voz
e esse jeito que você tem
de precisar mim
e eu que só posso
lhe dar meu coração...
Dou-lhe, é todo seu...
Com ele vai o meu amor...
Que foi tão fácil
você conquistar...

5 - I LOVE YOUR VOICE

I love your voice
And this way you have
To need me
And I who can only
Give you my heart
I give it to you, it's all yours ...
With him goes my love ...
That was so easy
You win ...

6 - AMOR PRÁ VALER

Quando o amor chegou para valer
Fomos nós que construímos
Tantos momentos felizes...

Eu só faço o que eu quero..
E ela disse: cancela, apaga.
Não posso, agora viveremos
Esse presente de memórias
Que nos demos naqueles dias.

Não foi um encontro fortuito.
Você olhou pra mim sorridente,
E eu amparei seu lindo sorriso
Para que caísse em meus braços.

E caímos nos braços um do outro.
Aquele amor, que era tão cristalino,
Ainda é prá valer, temos certeza.

6 - LOVE FOR REAL

When love has come for real
We were the ones who built
So many happy moments.
I only do what I want ..
And she said: cancel, delete ...

I can not, now we will live
This gift of memories
That we gave in those days.

It was not a chance encounter.
You looked at me smiling,
And I'll hold your beautiful smile.
To fall into my arms.

And we fell into each other's arms.
That love, which was so crystalline,
It's still for good, we're sure ...

7 – ANTES DE CONHECER-TE

Antes de conhecer-te
eu já sabia o número de passos
entre minhas mãos e o teu riso de Primavera
que eu acalentava com flores.

Há muito eu ouvia a música de tua voz
correndo nas minhas veias
e o teu nome escrito
com o perfume da tua pele de seda,
das tuas longas pernas,
que por mim procuravam,
nas marés cheias de Lua.

E já então tínhamos um acordo de silêncio
e suspiros em nossos abraços,
quando nossas bocas discutiam beijos ternos,
macios,
eram ossos olhos que mais conversavam.

E aquelas noitesentram na nossa pele
e se apoderam de partes de nós.

Eu tinha todas essas certezas.
E por isso nosso encontro já havia acontecido
muito antes de nos conhecermos, Amada Minha,
porque sempre estiveste comigo nos meus
sonhos.

Rendi-me, incondicionalmente à tua silhueta nua.
Porque sempre foste tu Amada Minha,
a Estrela que mais brilhava,
quando eu olhava para o Céu do Meu Destino.

7 - BEFORE KNOW YOU

Before I met you
I already knew the number of steps
Between my hands and your spring laughter
Which I cherished with flowers.

Long ago I listened to the music of your voice
Running in my veins
And your name written
With the scent of your silk skin,
Of your long legs,
Which they sought for me,
In tides full of moon.

And already we had an agreement of silence
And sighs in our embraces,
When our mouths were discussing tender, soft kisses,
Were the eyes that talked the most.

And those nights enter our skin
And seize parts of us.

I had all these certainties.
And so our meeting had already happened
Long before we met, My Beloved,
Because you've always been with me in my dreams.

I surrendered unconditionally to your naked silhouette.
Because you were always Beloved Mine,
The Star that shone brighter,
When I looked at the Heaven of My Destiny.

8 - AS CHAVES DOS TEUS SONHOS

As coisas que queremos deslembrar
São dançarinas que flutuam no horizonte
Com hipnóticos movimentos de apatia.
É uma espada que procura uma resposta.

Darás um definitivo murro na inércia
E pedirás divórcio do desânimo.
E eu vencerei o sal dos mares e oceanos
Pra te levar as chaves dos teus sonhos.

Apanhei-os de surpresa distraídos de ti,
Enquanto curvavam-se esquecidos no tempo.
Trago cestas de flores em meus braços.

Estendo um arco-íris no céu
Para celebrar a doçura dos teus olhos,
E te entrego o crepúsculo mais colorido.

Para saudar o exuberante rubro da tua boca.

Verás que as flores desabrocham suas emoções.
É o jeito meigo e carinhoso da natureza sorrir.

Trocarás os dias em que o Sol riu acanhado
Pelos tesouros dos raios de eternidade.
Na atmosfera já cintilam luzes esfuziantes.

8 - THE KEYS OF YOUR DREAMS

The things we want to disclose
They are dancers floating on the horizon
With hypnotic movements of apathy.
It is a sword that seeks an answer.

You will give a definite punch in the inertia
And you will ask for divorce from discouragement.
And I will beat the salt of the seas and oceans
To take the keys to your dreams.

I caught them by surprise distracted from you,
As they curled up forgotten in time.
I bring baskets of flowers in my arms.

I hold a rainbow in the sky
To celebrate the sweetness of your eyes,
And I give you the most colorful twilight.
To greet the lush red of your mouth.
You will see that the flowers unleash their emotions.

It is the gentle and tender way of smiling nature.

You will exchange the days when the sun laughed sheepishly.
For the treasures of the rays of eternity.
There are glittering lights in the atmosphere already.

9 - AUSÊNCIA E REGRESSO
(Para Terezinha Pasa, que tem um jardim no coração)

I
Colhi um buquê de lágrimas
no jardim da tua ausência.
São flores tristes e belas,
avulsas, fartas e plenas
de pranto e de esperança.
Nos caminhos de silêncio,
persigo imagens perdidas,
em esquinas tão cansadas
do meu passo vagabundo.
Vadio, vagando no vazio,
por trilhas que dão em nada,
vindas de lugar algum.

9 - ABSENCE AND RETURN
        (For Terezinha Pasa, who has a garden at heart)

I
I collected a bouquet of tears
In the garden of your absence.
They are sad and beautiful flowers,
Single, plenteous and copious
Of weeping and hope.
In the paths of silence,
I chase lost images,
In corners so tired
From my hobo step.
Bammer, wandering in the void,
By trails that give in nothing,
Coming from nowhere.

10 - AUSÊNCIA E REGRESSO II
(Para Terezinha Pasa, que tem um jardim no coração)

As rosas despertaram eufóricas
entoando canções perfumadas,
que a noite escreveu com orvalho.
Debruçadas à beira do barranco,
as rosas se calam pra ouvir
espantosas histórias de águas,
que o rio derrama em cascata.

Conta muitos causos incríveis,
de aventuras insólitas e raras.
Tantas coisas estranhas
vividas em terras distantes.

As rosas encantadas com tudo,
se banham de espuma e frescor,
que vem lá do fundo da cachoeira.

Uma tênue névoa dançarina
faz evoluções diante do sol.

Como bom cavalheiro que é,
o astro-rei aceita o convite.

E o sol dança com a neblina
uma valsa desconhecida,
desenhando perto das nuvens,
um arco de luz colorida.

10 - ABSENCE AND RETURN II
(For Terezinha Pasa, who has a garden at heart)

The roses awoke euphoric
Chanting scented songs,
Which the night wrote with dew.

Leaning on the edge of the ravine,
The roses are silent to hear
Amazing stories of water,
Which the river poor at cascade.

He tells many incredible facts,
Of unusual and rare adventures.
So many strange things
Lived in distant lands.

Roses enchanted with everything,
bathe with foam and freshness,
That comes from the bottom of the waterfall.

A faint mist dancer
Makes evolutions against the sun.
As a good gentleman who is,
The astro-king accepts the invitation.

And the sun dances with the mist
An unknown waltz,
Drawing near the clouds,
An arc of colored light.

11 - AUSÊNCIA E REGRESSO III

(Para Terezinha Pasa, que tem um jardim no coração)

Com certeza ninguém sabe,
se a natureza tem magia.
Mas tem lá seu jeito esquisito,
porque as flores esperam com ânsia,
o retorno de quem viaja.

Quando o ausente regressa,
emociona-se inteiro o jardim.
Desabrocha pétalas risonhas
Com aroma de flor de jasmim.

11 - ABSENCE AND RETURN III

(For Terezinha Pasa, who has a garden at heart)

Certainly no one knows,
If nature has magic.
But it has your weird way there,
Because the flowers wait anxiously,
The return of those who travel.

When the absent one returns,
It thrilled the whole garden.
Unbutton smiley petals
With jasmine flower scent.

12 – CALEIDOSCÓPIO

A tua voz é um pássaro de neblina
Que pousou nos meus ouvidos cativos.
Teu canto congela meus sentidos,
Na gravitação frenética do caleidoscópio.

Sei que guardas o ouro do teu mistério
Sob a prata das tuas plumas imaculadas.
Tuas raízes bebem a água subterrânea,
E dos teu ombros surgem dois rios amáveis,
Com límpidas águas de cores cristalinas.

O Sol, ainda criança, nasce na tua boca.
Cheias de cantigas, as pombas mensageiras
esvoaçam recados nas suas asas de cal,
Sobre o orvalho que verte dos teus olhos,
E neles, acende-se a luz de um relâmpago.

12 – KALEIDOSCOPE

Your voice is a mist bird.
Who rested in my captive ears.
Your chant congeals my senses,
In the frenetic gravitation of the kaleidoscope.

I know that you keep the gold of your mystery.
Under the silver of your immaculate feathers.
Your roots drink the ground water,
And from your shoulders arise two lovely rivers,
With clear water of crystaline colors.

The sun, as a child, borns in your mouth.
Filled with ditty, the messenger doves
Flutter errands on their wings of lime,
Upon the dew that springs from your eyes,
And in them, light up the shine of a lightning flashes.

13 – COMPLEMENTARES

Já sabe que a amo, assim, de todos os modos
e em todas as direções e endereços.
Infinitamente em cada detalhe escondido,
em todas as estações e riscos desordenados.

Eu a alcanço com meus braços ausentes
e seguro a sua voz com a névoa das minhas mãos.
Não sei que nome dar ao que nos une.
Sei que é envolvente, necessário, complementar.

Só existimos porque somos um.
Esse sentimento se fortalece todos os dias,
e mais inseparáveis nos tornamos.
Seja como for, sempre saberemos
que somos um para o outro.

Somos complementares como um arco súbito,

e estamos unidos por um laço natural e
indissolúvel.
O acaso atou nossos destinos, nossa história,
e uniu nossos pensamentos para sempre.

Somos tão íntimos, que chego a acreditar,
que já estivemos juntos em outras vidas
anteriores,
em algum lugar do passado que não sabemos.
Sei disso porque já sentia saudades de você,
muito tempo antes de conhecê-la.

13 – COMPLEMENTARY

You know I love you, like that, anyway.
And in all directions and addresses.
Infinitely in every hidden detail,
In all seasons and inordinate laughter.

I reach for you with my absent arms
And secure his voice with the mist of my hands.
I do not know what name to give to what unites us.
I know it's engaging, necessary, complementary.

We exist only because we are one.
This feeling is strengthened every day,
And more inseparable we become.
In any case, we will always know
That we are one for the other.

We are complementary like a sudden arc,

And we are united by a natural and indissoluble loop.
The chance tied our destinies, our history,
And united our thoughts forever.

We are so intimate that I come to believe,
That we have been together in other previous lives,
Somewhere in the past that we do not know.
I know this because I already missed you,
Long before I met her.

14 – CONFIANTES

Teu corpo de mulher guarda segredos
Que são puros como a brancura das manhãs.
Corro para abraçar o calor do teu sorriso,
Que soa nos meus ouvidos como cascata.

Tuas águas frescas entregam-se às pedras,
Com a paixão de uma Primavera cristalina.
Queda que pende das alturas infinitas,
Nutre-se em alvas nuvens de orvalho e luz.

Águas que fluem céus de fontes eternas
Para molhar o poente da tua boca rubra.
Tens a ternura dos raios fecundos do Sol
Que amadurecem tantos frutos suculentos.

Afogo-me no alegre mistério dos teus rios
E saciamos a sede mútua que nos consome.

Sim, sigamos confiantes os nossos instintos,
E eles nos levarão intactos ao nosso desígnio.

14 – CONFIDENTS

Your woman's body keeps secrets.
Which are as pure as the whiteness of the mornings.
I run to embrace the warmth of your smile,
That rings in my ears like a waterfall.

Your fresh waters give themselves over to the stones,
With the passion of a crystalline spring.
Fall that hangs from the infinite heights,
It nourishes itself in clouds of dew and light.

Waters flowing from eternal fountains
To water the west of your red mouth.
You have the tenderness of the sun's fecund rays
That matures so many succulent fruits.

I am drowning in the joyful mystery of your rivers.
And we quench the mutual thirst that consumes us.
Yes, let us remain confident of our instincts,
And they will take us intact to our design.

15 - DANÇANDO NO CÉU

Apaixonar-se é estar em qualquer esquina,
Como se estivesse dançando no céu...
É sentir-se à vontade
Com alguém que você nunca viu,
Mas que parece conhecer você
Melhor do que ninguém...
Alguém que sempre esteve com você,
Sem nunca ter estado,
E que você nunca tinha sequer ouvido falar...

Apaixonar-se é conversar a noite inteira
Sentado num banco de praça...
E só ir embora porque uma chuva forte
Começou a cair...
E você tira o casaco prá proteger seu amor...
Para que não se molhe tanto.

Apaixonar-se é caprichar na receita

De um pudim maravilhoso
E sobre o qual você ouve os maiores elogios
Ainda que ele tenha ficado apenas razoável...
Ou quando você diz sem rodeios:
O mel dos seu olhos adoçaram o meu dia...
A sua voz é a música que eu precisava ouvir...

Apaixonar-se é chegar ontem...
Para um encontro amanhã...
Criaturas em estado de paixão
Sentem saudades antecipadas...
São cuidadosas em todos os seu atos..

É quando o exercício mútuo da perfeição
Pratica-se com zelo e satisfação...

15 - DANCING IN HEAVEN

Falling in love is being on any corner,
As if dancing in the sky ...
Feeling at ease
With someone you've never seen,
But what seems to know you
Better than anyone.
Someone who has always been with you,
Without ever having been,
And that you had never even heard of.

Falling in love is talking all night.
Sitting on a bench in a square ...
And just leave because a heavy rain
began to fall.
And you take off your coat to protect your love
So you do not get soaked.

Falling in love is perfect in recipe

From a wonderful pudding
And about which you hear the highest praise
Even though it was only reasonable.
Or when you say it bluntly:
The honey of your eyes sweetened my day
Your voice is the music I needed to hear.

Falling in love is coming yesterday
To a meet tomorrow.
Creatures in a state of passion
miss in advance.
Be careful in all your acts.

It is when the mutual exercise of perfection
Is practiced with zeal and satisfaction.

16 - DE OURO E DE LUZ

De Ouro e Luz o dia carrega-se
E tudo incendeia-se de luminosidade.
Sobe ao trono a Felicidade,
E reina em todas as Províncias.

Todas as páginas dos livros de Poesia foram lidas
E todas as passagens com tinta verde, assinaladas.
Todos os poemas foram lidos e sublinhados os versos.

Tudo se apronta para que a Soberana Azul Cobalto
Escorregue seus encantos pelos degraus da escadaria.

O Destino coloca os pingos nos is.
Um sorriso eleva-se
ao ponto mais alto da Montanha,
Enquanto a Soberana estende-se
num leito de Jade,
Como numa fatia de Mar de Esmeraldas,
E aprecia a vastidão de seus domínios.

A Soberana irradia uma comovente felicidade
Que floresce em seu um sorriso majestoso.
Ela desliza sua graça através da escadaria do Palácio.
E explode uma música que se ouve com a pele, com os braços e com o tórax.

Todo o resto silencia;
As palavras são interrompidas pelos suspiros.

Fora do palácio há uma euforia.
E toda a natureza canta de alegria;
As cascatas derramam suas preces de amor,
E o mar envia suas oferendas de espumas em louvor.

16 - OF GOLD AND LIGHT

Of Gold and Light the day bears
And everything burns with light.
Happiness rises to the throne,
And he reigns in all the Provinces.

All pages of Poetry books have been read
And all the passages with green paint, marked.
All the poems were read and underlined the verses.

Everything is ready so that the Cobalt Blue Sovereign
Slip your charms down the steps of the staircase.

Destiny places the drops on the is.
A smile rises
To the highest point of the Mountain,
While the Sovereign extends

In a bed of Jade,
As in a slice of the Sea of Emeralds,
And appreciate the vastness of your domains.

The Sovereign radiates a heart touching
happiness
That blooms in his a majestic smile.
She slips her grace through the steps of the
Palace.
And explodes a song that is heard with the skin,
With arms and thorax.
All else is silent;
Words are interrupted by sighs.

Outside the palace there is an euphoria.
And all nature sings with joy;
The cascades pour their prayers of love,
And the sea sends its offerings of foam to praise.

17 – DEIXEI PEGADAS NO MAR

Deixei pegadas no mar
com preâmbulos de rastros variados
e arranhei o azul com uma cor semanal.
Eu te alcanço com uma centelha de vinho
e uma taça cheia do meu arco-íris selvagem.

E o que brilha nos teus olhos
E dessa uma boca feita de polpa
de frutas vermelhas maturadas,
Irradia da luz da paixão comedida,
sem indagações,
atiçando minhas mãos desenfreadas.

É um contraste com seus modos de moça
recatada,
que confundem os fatores da minha equação.
Tudo fica retido nessa atmosfera
de certezas invertidas,

sem perguntas, e questionamentos,
num sublime momento
de nomes e as identidades extintas.

Não sei que nome dar a isso,
mas acho que é amor.
Sei que é uma coisa
que pode ser experimentada,
pode ser desfrutada;
mas nunca poderá ser explicada.
Não existe conceito para isso.

17 - I LEFT FOOTPRINT IN THE SEA

I left footprints in the sea
With preambles of varied traces
And scratched the blue with a weekly color.
I'll catch up with you with a spark of wine.
And a goblet full of my wild rainbow.

And what shines in your eyes
And from that mouth made of pulp
Of mature red fruits,
It radiates from the light of measured passion,
Without inquiries,
Poking my rampant hands.

It is a contrast to her demure young manners,
Which confound the factors of my equation.
Everything is retained in this atmosphere
Of inverted certainties,

Without questions, and questions,
In a sublime moment
Of names and extinct identities.

I do not know what name to give it,
But I think it's love.
I know it's one thing
Which can be experienced,
Can be enjoyed;
But it can never be explained.
There is no concept for this.

18 - CUMPLICIDADE DAS ROSAS

Perdi o fio da minha meada.
Nas contas dos teus quantos,
Não há soma com os meus menos.

Veja como as flores anseiam abelhas,
E os olhos confessam verdades
Que a boca retrai e recusa.

Veja bem, vamos subtrair de vez
Os nossos menos, e adicionar
Os nossos quantos matemáticos.
Apagaremos os nossos nomes
E esqueceremos as nossas vestes.

Aproveitemos a cumplicidade das rosas,
E vamos, com sinceridade, cometer
Os mais serenos e tresloucados
Atos de insanidade sublime.

18 - COMPLICITY OF ROSES

I lost the thread of my skein.
In the accounts of your many,
There is no sum with my less.

See how the flowers crave bees,
And the eyes confess truths
That the mouth retracts and refuses.

You see, let's subtract once and for all.
Our less, and add our many mathematicians.

We'll erase our names.
And we will forget our robes.

Let us take advantage of the complicity of the
roses, and let's honestly commit
The most serene and deranged
Acts of sublime insanity.

19 – DESPEDIDA

Uma brisa simples abraça-nos na despedida.
Cada um tomamos um drink de diferente sabor.
Saímos à rua um pouco tristes e erráticos,
Por não podermos enxugar a secura do vento,
Com o brilho circular das nossas pérolas.

É impossível partir impune se olhar para trás,
Sem estar iluminado por uma claridade oblíqua,

Que nasce entre meus dedos inconformados,
E bate asas em direção à brisa do teu ventre.

A foice desce a meia-lua de aço sobre a noite.
Ela traz aromas de erva-doce na cintura do silêncio.

O vento galopa seu corpo sincero de Corcel negro.

E adormecemos entre o côncavo e o convexo,
Do balanço das ondas de lábios sussurrantes,
Brincando de saudades na virtude do ouvido.

19 – FAREWELL

A simple breeze hugs us in farewell.
Each one have a drink of different flavor.
We went out into the street a little sad and erratic,
Because we can not dry the wind dryness,
With the circular brilliance of our pearls.

It is impossible to go unpunished if you look back,
Without being illuminated by oblique clarity,
That is born between my discontented fingers,
And flutter wings toward the breeze of thy womb.

The sickle descends the steel half-moon over the night.
It brings scents of fennel to the waist of silence.
The wind gallops his sincere body of black steed.

And we fall asleep between the concave and the convex,
From the swell of the waves of whispering lips,
Playing of longing in the virtue of the ear.

20 – DIFERENTE

Venha!
Vamos arriscar tudo nessa aventura,
Você é uma estranha para mim.
Eu não me importo.
Você não me conhece,
E daí?
Já joguei em mesas de cacife alto,
Em que todos éramos conhecidos,
E perdi feio.
Já entrei prá valer numa paixão
E me dei mal.
E daí?
A vida continua.
Não lamentemos
O amor que não temos,
Nem o que perdemos,
Mas festejaremos
A inauguração de um nova chance.

Venha comigo,
E eu irei contigo em todos os lugares.
Subiremos cada momento
Degrau por degrau.
Navegaremos sob a luz das estrelas
Em noites de ondas tranquilas.
Nossos pés descalços
Pisarão tapetes de brilhantes
Que espalharemos pelo chão,
Um punhado de estrelas,
Que emprestaremos ao céu.
Esconderemos os relógios
E congelaremos o tempo.
Criaremos momentos de esquecimento.
Inventaremos um amor diferente,
E diremos palavras desconhecidas
Que farão todo o sentido...
Eu sei que vale a pena...
Venha!!

20 – DIFFERENT

Come on!
Let's risk everything in this adventure,
You're a stranger to me.
I do not care.
You do not know me,
And so what?
I've played at high tables,
In which we were all known,
And I lost it hard.
I already entered for good in a passion
And I got sick.
And so what?
Life goes on.
Let's not lament
The love that we do not have,
Nor what we lose,
But we will celebrate
The inauguration of a new chance.

Come with me,
And I will go with you everywhere.
We will go up every moment
Step by step.
We will sail under the starlight
On nights of calm waves.
Our bare feet
Bright carpets will stampede
That we will spread on the ground,
A handful of stars,
That we will lend from the heaven.
We will hide the clocks
And we'll freeze time.
We will create moments of forgetfulness.
We will invent a different love,
And we will say unfamiliar words
That will make perfect sense ...
I know it's worth it ...
Come on !!

21 – DISTANTE

"Ainda não estou preparado para perder-te
Não estou preparado para que me deixes só".
(Pablo Neruda)

A tua rua já cansou das ásperas solas
dos meus sapatos.
Os riscos e grafites imprestáveis e as coisas
pregadas no desinteresse das paredes e todo o
resto dela, o vento, as pedras e os arbustos
calados, todos sabem dos meus dias de cão
perdido, farto de inutilmente esperar no portão a
tua chegada que nunca acontece.
Fico olhando a tua imperturbável janela,
muda e cega.
Ela ignora-me com tanto descaso, com tanto
desprezo.

O seu desdém é o choque sinistro do punho de chumbo na minha face, é um punhal sangrador na minha garganta.
Meus ouvidos esqueceram a reverberação
dos sons da leveza sinuosa da brisa delirante afagando o teu rosto. Eu ficava paralisado na conta da tua marota beleza lunar.
Deixava-me deslizar no gelo fervente do teu feitiço. Guardei todos os teus beijos inesperados, avulsos, porque pressentia que haveria de estreitar as distâncias.
Agosto golpeia-me com ausência e saudade sem fim.
Eu espio despudoradamente pelo buraco da fechadura.
Vejo o contorno intrigante da noite escura vencer a morte. O convite é irrecusável e eu colo-me bem rente à parede.
Vou esgueirando-me para esconder-me da minha sombra,
para que ela não testifique a minha desalinhada transgressão.

21 – DISTANT

"I'm not ready to lose you yet
I'm not prepared for you to leave me alone. " (Pablo Neruda)

Your street has grown tired of the rough soles of my shoes.
Risks and graffiti worthless and things preached
In the disinterest of the walls and all the rest of it,
The wind, the stones and the shrubbery, all know
Of my lost dog days, fed up with uselessly
Wait at the gate for your arrival that never happens.

I stare at your unperturbed window, dumb and blind.
She ignores me with so much contempt, with so much contempt.
Your disdain is the sinister shock of the lead wrist
In my face, it's a bleeding dagger in my throat.
My ears forgot the sound reverberation.
The sinuous lightness of the delirious breeze stroking your face.

I was paralyzed on account of your mischievous lunar beauty.
I let myself slide into the boiling ice of your spell.
I saved all your unexpected kisses,
Because he sensed that he would narrow the distances.
August strikes me with absence and longing without end.

I peer through the keyhole.
I see the intriguing outline of the dark night conquer death.
The invitation is beyond reproach and I lay close to the wall.
I will sneak away to hide from my shadow,
So that she does not testify to my misplaced transgression.

22 - DÚVIDA

Já não tenho certeza de coisa nenhuma;
Se aconteceu em sonho ou vigília;
Já nem sei se me contaram,
Se foi um filme ou coisa que li;
Sequer sei onde e quando isso aconteceu.

Estou completamente perdido.
E minhas memórias são borrões
E são tão confusos e nebulosos.

Sei que estive numa praia
Em alguma parte desse mundo,
Onde vive uma Sereia de olhos baianos,
É um ser mitológico espetacular,
E eu sei quem é ela,
Porque vi um sinal secreto que ela tem.

Que só pode ser percebido com um certo olhar,

Numa certa hora da manhã...
Esse sinal dança diante de mim,
Por trás de um véu de odalisca.
A água do mar visita seus pés todas as manhãs
Trazendo espumas brancas que se amontoam.

E se espraiam pelas areias ainda frescas de noite,
Enquanto o Sol começa a surgir detrás do
Oceano.
É lá onde o Céu beija o Sal com lábios de
turquesa.
Sinto que ela está lá à minha espera.

22 – DOUBT

I'm already not sure of anything;
Whether it happened in a dream or a vigil;
I do not even know if someone told me,
If it was a movie or something I read;
I do not even know where this happened.

I'm completely lost.
And my memories are smudges
And they are so confused and hazy.

I know I've been on a beach
Somewhere in this world,
Where a Mermaid with Bahian Eyes lives,
It is a spectacular mythological being,
And I know who she is,
Because I saw a secret signal she has.

That can only be perceived with a certain look,
At some time in the morning ...
This sign dances in front of me me,
Behind an odalisque veil.
The sea water visits your feet every morning
Bringing white foam that heaps.

And scatter by the still fresh sands from night,
As the sun begins to rise behind the ocean.
That's where Heaven kisses Salt with turquoise lips.
I feel she's there waiting for me.

23 - EU TE AMO

Eu te amo indiretamente,
concisamente, numa noite delegada.
Eu te amo com minhas etiquetas de vinho,
dentro de minha minha caneta
e escrita nos meus verbos.

Amo-te com os substantivos do Sol
e na água da Lua.
Eu te amo com os meses guardados nos meus
bolsos.

Quente e quieta, eu te amo,
dizendo os nomes dos pássaros,
durante uma chuva sem explicações.

Amo-te com o meu coração emprestado e cheio
de orgulho,

sonhando nos teus cabelos, nos teus olhos e na
tua boca.
Eu te amo indiscriminadamente numa piscina,
em qualquer lugar, sem aviso e com necessidade,
ou falando ao telefone, numa loja de variedades.
Amo-te sem pecados, gritando em silêncio.
Eu te amo de todos os jeitos, modos e maneiras.

23 - I LOVE YOU

I love you indirectly,
Concisely, on a delegated evening.
I love you with my wine labels,
Inside my pen
And written in my verbs.
I love you with the nouns of the Sun
And in the water of the moon.
I love you with the months in my pockets.
Hot and quiet, I love you,
Saying the names of the birds,
During an unexplained rain.
I love you with my heart lent and full of pride,
Dreaming in your hair, in your eyes and in your mouth.

I love you indiscriminately in a pool,
Anywhere, without warning and in need,

Or talking on the phone at a variety store.
I love you without sin, shouting in silence.
I love you in every way, every way and every way.

24 - EU TE RECEBO NO MEU ESPAÇO

Eu te recebo no meu espaço
com pompa e circunstância.
Entrego-te as minhas heranças de chuvas
precipitadas no meu coração.

A tua mão assenhorou-se do meu destino.
Já não me pertenço, senão à ti,
e à doçura dos teus olhos
que conquistaram meus territórios
com sucessiva influência e palavras de comoção.

Quero o teu abraço constante
e o sentido dos beijos teus,
que são as sementes de Sol,
que procurei por anos à fio.

Eu perambulei por caminhos de pedra,
entre jasmins insatisfeitos

até chegar ao teu regaço,
onde agora deito a minha cabeça
para sonhar com as estrelas mais brilhantes
escondidas nos teus lugares secretos.

Vim por estradas estranhamente tortuosas
à procura dos teus tesouros de amor.
Deita comigo entre os meus sonhos,
onde eu concebi uma nova primavera
de flores vermelhas para o teu deleite.

Eu te amarei de joelhos minha Dama,
e nunca me ausentarei de ti.
Serei teu amante secreto enquanto quiseres.
Não tenhas receio e abre para mim
as páginas do teu livro de mistérios,
para que eu leia os lírios do teu jardim.

24 - I RECEIVE YOU IN MY SPACE

I receive you in my space
With pomp and circumstance.
I give you my inheritance of rains
Precipitated in my heart.

Your hand has become my destiny.
I no longer belong to myself,
But you,
And the sweetness of your eyes
That conquered my territories
With successive influence
And words of commotion.

I want your constant embrace
And the meaning of your kisses,
Which are the seeds of Sun,
Which I searched for years on end.

I wandered by stone paths,
Among unsatisfied jasmins
Until I come to your lap,
Where I lay my head now
To dream about the brightest stars
Hidden in your secret places.

I came on strangely tortuous roads
Looking for your treasures of love.
Lie with me in my dreams,
Where I conceived a new spring
Of red flowers for your delight.

I will love you on my knees, my Lady,
And I will never leave you.
I'll be your secret lover as long as you want.
Do not be afraid and open to me
The pages of your book of mysteries,
That I may read the lilies of thy garden.

25 - HOJE DESCOBRI QUE A AMO

Hoje descobri que a amo
de um modo tranquilo e espontâneo
por causa do jeito confiante
de entregar-se a mim que você tem,
como se eu fosse um porto seguro
para as suas tempestades.
Essa coisa tão simples e banal
mudou toda a minha vida.
Mudou tudo em mim.

Também entreguei-me à você
de uma maneira esquisita.
Sinto-me um estrangeiro
vivendo num antigo eu.
Aquele eu agora é outro pessoa,
um novo eu todo seu.
Leves e macias são as horas
quando estamos juntos.

Acordo-me de madrugada
e como sempre,
você inteira está na minha cabeça.
E eu sinto uma onda de ternura,
e quero de amá-la mais e mais.
Sinto uma vontade de dar-lhe carinho,
e que você fale comigo
na linguagem dos beijos.

25 - TODAY I DISCOVERED THAT I LOVE YOU

Today I discovered that I love you.
In a calm and spontaneous way
Because of the confident way
of surrendering to me that you have
Like I was a safe haven
For yours storms.
This simple and banal thing
Changed my whole life.
It changed everything in me.

I also gave myself to you.
In an odd way.
I feel like a foreigner
Living in an old self.
That I is now another person,
A new me all yours.

Light and soft are the hours

when we are together.
I wake up at dawn
And as always,
You're all in my head.
And I feel a wave of tenderness,
And I want to love you more and more.
I feel a desire to give you devotion,
And you talk to me
In the language of kisses.

26 - IMPETUOSAS ESTRELAS PERFUMADAS

Impetuosas Estrelas perfumadas
descem do alto como flores de prata,
espargindo seus aromas de frutas celestes
sobre a cidade, que dorme e nada vê.

A Noite e a Lua cantam sobre os automóveis
uma canção de penumbra sossegada.
O Universo silencioso palpita de emoção
com as Supernovas sorridentes,
instalando-se no firmamento.

Ouve-se o crepitar de seres invisíveis
em sua indecifrável faina noturna,
movendo-se imperceptivelmente,
amparados pela sonoridade dos grilos,
e o coaxar de anfíbios ocultos nas lagoas.

Que noite lúcida e esplendorosa!
Que atmosfera de escuro azul marinho,
tão esfuziante, tão penetrante, e viva!

Com sua mineral e planetária existência,
como uma disciplinada consciência única,
uma fonte original e completa!

É impossível saber onde ela começa, ou termina.
Sei apenas que estou dissolvido
e espalhado em cada cantinho dela!

26 - IMPETUATED PERFUMED STARS

Impetuous Scented Stars
They come down from above like silver flowers,
Sprinkling their celestial fruit aromas
On the city, which sleeps and sees nothing.

Night and Moon sing over the cars
A song of quiet penumbra.
The silent Universe beats with emotion
With the smiling Supernovas,
Settling into the firmament.

You hear the crackling of invisible beings
In his indecipherable nocturnal toil,
Moving imperceptibly,
Supported by the sonority of the crickets,
And the croaking of amphibians hidden in the lagoons.

What a lucid and splendid night!
What an atmosphere of dark navy blue,
So piercing, so penetrating, and alive!

With its mineral and planetary existence,
As a disciplined unique consciousness,
An original and complete source!

It is impossible to know where it begins, or ends.
I just know that I'm dissolved
And spread out in every corner of it!

27 - LAVAR O SOL

Lavar o Sol,
guardar a Lua,
limpar a rua.
Juntar estrelas
espalhadas nos telhados.
Colar no poste
o retrato dela.
Desaparecida
nas pupilas negras
do jardim noturno
das papoulas e gardênias.
Matar a sede
e a saudade
com água da chuva.
Procurem-na.
Ela tem
um certo jeito de andar.
Toque uma canção

antes que seja tarde.
Cante baladas de louvor
E rajadas de amor.
Depois lave o Sol,
guarde a Lua,
junte as estrelas,
e limpe a rua
enquanto ainda estiver nua.

27 - WASHING THE SUN

Wash the Sun,
Save the moon,
Clean the street.
Gather stars
Scattered on the roofs.
Paste on post
Her picture.
Missing
In black pupils
of the night garden
Of poppies and gardenias.
Kill the thirst
And the longing
With rainwater.
Look for her.
She has
A certain way of walking.
Play a song

before it's too late.
Sing praise ballads
And bursts of love.
Then wash the Sun,
Keep stowed the moon,
Join the stars,
And clean the street
While she is still sky-clad.

28 – ESCONDIDO

meu coração padece escondido em algum verão
desde que viu a tua rosa florescer nas minhas mãos,
desde que tua boca se abriu para mim com um botão,
desde que a tua flor sorriu meu nome,
desde que eu cantei no teu corpo uma canção de amor...

28 – HIDDEN

My heart pains hidden in some summer
Since I saw your rose bloom in my hands,
Since your mouth opened to me with a button,
Since your flower smiled my name,
Since I sang a song of love in your body ...

29 - MEUS PENSAMENTOS VAGAM

Meus pensamentos vagam
e caem na tua voz.
Sei que nos amaremos com intensidade.,
Nos amaremos sistematicamente,
gradativamente, nos dias sem defeitos,
numa segunda-feira sem preconceitos.
Nos amaremos durante um feriado

e com transgressão na superfície do mar,
com suas grinaldas de espumas
que enfeitam noivas.

Eu sei que será assim
porque eu já te amava com as lágrimas
que nos humanizam,
mesmo quando teus beijos eram ácidos
e teus braços eram facas.
E nos amaremos com nossos corpos unidos,
que viajarão pelo Sol e se banharão nas estrelas,

nos lagos de prata da Lua.
Nos amaremos como loucos desvairados,
até que nossas almas sejam fundidas
num único metal de amor puríssimo.

Teus braços serão meus braços
e seremos os mesmos sentimentos
e esse será nosso destino,
nossa determinação até a consumação dos dias,
num amor inevitável e peregrino.

29 - MY THOUGHTS TODDLES

My thoughts wander
And fall upon thy voice.
I know we will love each other with intensity.
We will love ourselves systematically,
Gradually, on days without defects,
On a Monday without prejudgements.
We will love each other during a holiday.
And with transgression on the surface of the sea,
With its wreaths of foams
Who adorn brides.

I know it will be so
Because I already loved you with tears
That humanize us,
Even when your kisses were acidic
And your arms were knives.
And we will love each other with our united bodies,

Who will travel by the sun and bathe in the stars,
In the silver lakes of the moon.
We will love each other like insanes,
Until our souls are merged
In a single metal of pure love.

Your arms will be my arms.
And we will be the same feelings
And this will be our destiny,
Our determination until the consummation of the days,
In an inevitable love and pilgrim.

30 - MIL E UMA LUAS

"Toda mulher merece um beijo apaixonado
quando acorda...
Toda mulher merece ser amada com fervor...
Toda mulher merece receber rosas todos os dias...
Toda mulher merece ser chamada de rainha...
Toda mulher merece morar num palácio só dela....
E ser adorada 12 meses por ano..."

Sinto o vento quente
Que emana das areias escaldantes
De um deserto qualquer da Síria...
Sinto o aroma
De pratos da cozinha libanesa...
Sinto tudo isso quando te aproximas,
Teu hálito de hortelã,
E o calor que vem da tua pele de damasco.
Há no brilho dos teus olhos
Tantas lendas ancestrais,

De mil e uma Luas que brilharam
Nas mais escuras noites orientais...
As palavras são incapazes
De traduzir a imponência
De tais tesouros ocultos
Na essência dos teus afetos.
Tule, organza e seda
Envolvem teus mistérios
Em tons de jade, turquesa e rubi.
Já perdi as contas dos teus nomes...
Latifah, Yasmin, Nadirah...
E de todos, restou o mais lindo,
É pura e simplesmente, Mulher!

30 - THOUSAND AND ONE MOONS

"Every woman deserves a passionate kiss when she wakes up ...
Every woman deserves to be loved with fervor ...
Every woman deserves to receive roses every day ...
Every woman deserves to be called a queen ...
Every woman deserves to live in a palace of her own ....
And to be worshiped twelve months a year ... "

I feel the warm wind
That emanates from the burning sands
From any desert of Syria ...
I smell
From Lebanese cuisine ...
I feel all this when you approach,
Your breath of mint,

And the warmth that comes from your damask skin.
There is in the brightness of your eyes
So many ancestral legends,
Of a thousand and one moons that shone
In the darkest oriental nights ...
Words are incapable
To translate the grandeur
Of such hidden treasures
In the essence of your affections.
Tulle, organza and silk
Involve your mysteries
In shades of jade, turquoise and ruby.
I've lost count of your names ...
Latifah, Yasmin, Nadirah ...
And of all, the most beautiful,
It is pure and simple, Woman!

31 - MORENA DO EQUADOR

Exuberante e orvalhada flor nua, rosto de Mulher.
Tua és fresca como sereno em pétalas de veludo,
quando as luzes acendem-se no horizonte das
manhãs.

És o sonho dos reis em suas fortaleza de neblina.
O vento roça a tua pele, e suspira de emoção.
E de dia, é o Sol que vem faceiro, brincar nos
teus cabelos.

Teu sotaque tem a cor morena do Equador.
Mulher de mil noites de céu estrelado,
que me fitas com um incêndio nos lábios,
e olhos radiantes de paixão contida.

Há um secreto balanço de ondas do mar
escondido na tua cintura e quadris caprichosos,
É o teu cheiro divino que me aprisiona.

No teu ventre adorável de fêmea resoluta,
meu cansaço encontra alívio...
Perco-me nessa força tua que me desconcerta,
e inunda-me com um feitiço devastador.

31 – BRUNETTE FROM ECUADOR

Lush and dewy nude flower, Woman's face.
Thou art cool as serene in velvet petals,
When the lights come on the horizon of mornings.

You are the dream of kings in their stronghold of mist.
The wind brushes your skin, and sighs with emotion.
And by day, it is the sun that comes cheeky, play in your hair.

Your accent is the dark color of Ecuador.
Woman of a thousand nights of starry sky,
That you stare at me with a fire on my lips,
And radiant eyes of contained passion.

There is a secret ocean wave balanceHidden in your waist and capricious hips,
It is your divine smell that imprisons me.
In your lovely womb of resolute female,
My tiredness finds relief
I lose myself in this force of yours that disconcerts me,
And floods me with a devastating spell.

32 - MORRER DE AMOR

As cortinas de organza pendentes
Nas grandes janelas quarto,
Balançam ao toque da brisa
Que vem refrescar o teu sono,
E adorar a tua pele clara e brilhante,
Como pérolas num colar.

O meu coração dispara.
Temo desfalecer diante de tanta beleza.
Meu amor, quando deitas na tua cama
E te enrolas nos teus lençóis de cetim,
As tuas formas tornam-se divinas,
E mais, quando uma nesga de coxa
Convida-me a estar com você.

Enciumada, a Lua esconde-se
Atrás das nuvens, para te espiar.
As estrelas todas lá no céu

Piscam freneticamente ao ver-te assim,
Tão bela, tão linda, tão poesia.

E então chamas o meu nome.
Estremeço de emoção,
E minhas pernas cambaleiam.
Corro em tua direção,
E me chama de amor e eu enlouqueço,
E caio de joelhos junto a cama...
E beijo fervorosamente os teus pés.

Ouço de novo a tua voz dengosa.
É um imã que me atrai.
Aconchego-me às tuas costas,
E teu corpo cola ao meu...
Isso tudo é real!
Sinto o delicioso cheiro do teu corpo,
O cheiro do amor.

Afundo a minha cabeça entre os teus cabelos,
E beijo a tua nuca.
Tuas mãos procuram as minhas,

E nossos dedos entrelaçam-se.
Sinto o teu corpo torneado mover-se.
E me abraças e teu peito aperta-se contra o meu.
Tua boca molhada procura os meus lábios...
Estou a ponto de desmaiar...

Ela toma conta de mim.
Sou escravo, para servi-la como queira....
E assim, se prolongam todas as noites...
Ficamos bem juntos, enlaçados...
E ela sussurra meu nome...
E morremos outra vez....

32 - DYING OF LOVE

The outstanding organza curtains
In the large bedroom windows,
They rock at the touch of the breeze
That comes to refresh your sleep,
And to love your skin clear and bright,
Like pearls on a necklace.

My heart races.
I fear fainting in the preence of such beauty.
My love when you lie in your bed
And you wrap yourself in your satin sheets,
Your forms become divine,
And more, when a thigh slice
Invites me to be with you.

The jealous moon hides hitself
Behind the clouds, to spy on you.
The stars all over there in the sky

They blink frantically at seeing you like this,
So beautiful, so lovely, so poetry.

And then you call my name.
I thrill of emotion,
And my legs wobble.
I run in your direction,
And call me love and I go crazy,
And I fall on my knees by the bed ...
And I kiss your feet fervently.

I hear your affectionate voice again.
It's a magnet that attracts me.
I sit at your back,
And your body glues to mine ...
This is all real!
I feel the delicious perfume of your body,
The smell of love.

I sink my head into your hair,
And I kiss your nape.
Your hands seek mine,

And our fingers intertwine.
I feel your shapely body move.
And you hold me
And your chest tightens against mine.
Your wet mouth searches my lips ...
I'm about to faint ...

She takes care of me.
I am a slave, to serve her as she wishes ....
And so, they go on every night ...
We get close together, bonded ...
And she whispers my name ...
And we die again ....

33 - NÃO FICA TRISTE PRINCESA

Não fica triste princesa!
Mas se ficar,
Saiba que só as pessoas
Dotadas de ternura em excesso,
Grandes em generosidade,
E sobretudo, as pessoas amorosas,
São mais vulneráveis à melancolia...
Eu estou ai contigo, do teu lado,
E te dou meu abraço e meu ombro,
Onde tu podes desbafar tua emoção...
Gostar de ti e me preocupar contigo
Já se tornou parte de mim...

33 - DO NOT BE SAD PRINCESS

Do not be sad princess!
But if you feel unhappy,
Know that only people
Gifted with excess of tenderness,
Great in generosity,
And above all, loving people,
Are more vulnerable to melancholy ...
I'm there with you, on your side,
And I give you my hug and my shoulder,
Where you can undo your emotion ...
I like you and I worry about you
You've already become part of me ...

34 - NÃO ME ACORDEM

Não me acordem!
Quero continuar sonhando,
Que o teu rosto dorme ao meu lado.
Não quero saber que o teu nome
Fugiu-me por entre meu dedos,
Como um vento melancólico.
Recuso-me a encarar a face da saudade.
Prefiro desconhecer a medida da solidão.
Apaixonei-me num piscar de olhos
Pela preciosa Rosa do teu amor.
No meu peito esconde-se uma Lua,
Vestida de tule e rendas em carmim.
Linda e rubra como a tua boca macia.
Lá fora, o Outono semeia folhas pelo chão.
Árvores despem-se e afrontam o frio desnudas.
Mesmo as mais leves brizas,
Contrabandeiam intenções frias.
Quero essa sensação de tudo quieto,

Onde até mesmo o silêncio, é ruído.
Não me acordem!
Não deixem que eu seja traído
Pelos ponteiros do relógio,
Que roubaram-me o tempo com você.
Há emoções escondidas atrás da portas.
Aqui nesta zona intermediária de sonho,
O teu corpo flutua no abrigo dos meus braços.
É tudo o que eu quero agora...
Não me acordem!

34 - DO NOT WAKE UP ME

Do not wake up me!
I want to continue dreaming,
That your face sleeps beside me.
I do not want to know that your name
Fled through my fingers,
Like a melancholy wind.

I refuse to confront the face of longing.
I prefer not to know the measure of solitude.
I fell in love in a blink of an eye
For the precious Rose of your love.

In my breast a moon is hidden,
Dressed in tulle and lace in carmine.
Beautiful and red like your soft mouth.

Outside, autumn sows leaves on the ground.
Trees undress and face the cold denuded.

Even the lightest breezes,
They smuggle cold intentions.

I want this feeling of everything quiet,
Where even silence is noise.
Do not wake up me!
Do not let me be betrayed.
By the hands of the clock,
that ho stoles my time with you.

There are emotions sighing behind the doors.
Here in this intermediate zone of dream,
Your body floats in the shelter of my arms.
That's all I want now ...
Do not wake up me!

35 - NINGUÉM SABERÁ DIZER

Ninguém saberá dizer
donde vem essa graça
que te enfeita da cabeça aos pés
Esse sorriso que te ilumina
esses olhos insinuantes
uma boca marota sem malícia
e uns cabelos lindos, longos
como que saídos da palheta de um artista
Linda, muito linda e leve
te vi descalça naquela ponte de madeira
e tuas mãos seguravam um fio de arame.
Havia um feitiço no amarelo da tua blusa
e ouro, mais a te vestir.
Não eram os teus delicados
e divinos ombros nus brincando ao Sol:
era mais aquele jeito moleque.
com que te inclinavas para frente,
que graciosamente me levou ao nocaute!!!

35 - NO ONE WILL KNOWS TO SAY

No one will knows to tell
From where does this prettiness come from?
That adorns you from head to toe
This smile that lights you up
These insinuating eyes
A tricksy mouth without malice
And a beautiful, long hair
As if from an artist's palette
Beautiful, very beautiful and light
I saw you barefoot on that wooden bridge.
And your hands held a wire.
There was a spell in the yellow of your blouse
And gold, more for to wear you.
It was not your delicate, divine naked shoulders
Reflecting the sun's rays:
It was more of that stupid way
With which you leaned forward,
That graciously took me to the knockout !!!

36 – O AMOR É O MEU ESTADO DE SER

O amor é o meu jeito de ser de ser e sou
constante nele.
Minha afeição é permanente e intransferível.
Amo com um amor incessante infinito e pleno.
Os meu olhos têm a tua silhueta impressa neles.

Acordo com o teu nome pronunciado na minha
boca
e sinto os teu braços colados aos meu quadris.
Sei que tu estás distante, e no entanto,
a tua presença dentro do meu peito
faz palpitarem as flores em todos os jardins.
Porque é teu o nome de todas as flores.

Amo-te com um amor maduro, um amor
devotado.

Porque não quero s que tu sejas apena uma mulher para mim;
quero ser o homem que é teu e somente teu.
Eu nada sabia, mas quando te vi , soube que o amor existia.

36 - LOVE IS MY WAY OF BEING

Love is my shape of being and I am constant in it.
My affection is permanent and untransferable.
I love with an infinite and full unceasing love.
My eyes have your silhouette imprinted on them.

I wake up with your name pronounced in my mouth
And I feel your arms glued to my hips.
I know that you are distant, and yet,
Your presence inside my chest
Makes palpitate the flowers in all the gardens.
Because the name of all the flowers is yours.

I love you with a mature love, a devoted love.
Because I do not want you to be just a woman to me;

I want to be the man who is yours and only yours.
I knew nothing, but when I saw you, I knew that love existed.

37 – O AMOR É UM LAPSO

O amor é um lapso
entre entre o susto e a aflição.
É uma saudade latejando
uma quietação reticente
no subsolo do peito.
Amor é ternura e agonia,
num momento de esquecimento.
É algum tipo de matéria desconhecida.
É uma sensação de plenitude
que escrevemos e imprimimos
no nosso próprio dna.
O Amor é uma mulher...
Uma mulher é sempre um romance em
andamento.

37 - LOVE IS A LAPSE

Love is a lapse
Between shock and distress.
It's a longing throbbing
A reticent quiescence
In the basement of the breast.
Love is tenderness and agony,
In a moment of forgetfulness.
It's some kind of unknown matter.
It is a feeling of fullness
We write and print
In our own ADN.
Love is a woman ...
A woman is always a love story in progress.

38 – O SOL CRESCIA NUMA MANHÃ OBSTINADA

O Sol crescia numa obstinada manhã.
A tua mão era uma insistente taça de vinho
que eu segurava com fervor religioso.

Vi os teus acenos e teus movimentos sinuosos
quando corrias por entre as laranjeiras.
Agarramo-nos como o musgo à pedra
para esclarecer o dia com beijos e frutas.

Fomos como duas espadas que se abraçam
enchendo o ar de frases metálicas e faíscas.
Adentramos nossas angustiadas clareiras,
pisando com carinho as nossas relvas,
lambidos pelas labaredas de eras passadas.

Nos perseguimos como vento em remoinho,
para a agarrar um amanhã premeditado,

que nos cobrirá com a poeira inevitável.
Nossa loucura tem uma veia de marinheiro,
um sentimento aprisionado numa zona de brumas,
entre as águas do mar e as estrelas do céu.

O seu destino sempre está ali na frente.
Tão logo chega, já se vai com a maré cheia,
com sua frugal bagagem, suas luas e seus verbos.

Sim, meu anjo, minha amada! E te sonhei!
Entramos em nossas vidas sem nenhum aviso,
com nossos desejos, nossas orações e nenhum prazo.
Tínhamos os nossos vulcões em plena erupção.

38 - SUN GREW IN AN OBSTINATED MORNING

The sun grew on a stubborn morning.
Your hand was an insistent glass of wine.
Which I held with religious fervor.

I saw your waves and your sinuous movements
When you ran through the orange trees.
We cling like moss to stone
To clarify the day with kisses and fruits.

We were like two swords embracing each other
Filling the air with metallic phrases and sparks.
We entered our anguished glades,
Treading with care our grass,
Licked by the flames of past ages.

We chased each other like whirlwind,
To grab a premeditated tomorrow,

Which will cover us with the inevitable dust.
Our madness has a sailor vein,
A feeling trapped in a zone of mists,
Between the waters of the sea and the stars of the sky.

Your destiny is always up there.
As soon as it arrives, it is already going with the full tide,
With its frugal luggage, its moons and its verbs.

Yes, my angel, my beloved! And I dreamed you!
We entered with our lives without any warning,
With our desires, our prayers and no deadline.
We had our volcanoes in full eruption.

39 – PLENITUDE

Somos todo o país que precisamos.
E andaremos juntos,
Nas várias tonalidades do teu olhar,
E em nossas palavras, cochichos, frases.
Esconderei os meus segredos na palma da tua mão
E saberei da tua certeza
Quando um sopro de luz
Aliviar o peso dos meus medos.
Porque as amarras desse temor
Não me detêm.
Estaremos resguardados na complacência da luz
Até a hora impossível
Que incendiará as nossas pegadas.
E então teremos alcançado a plenitude,
E estaremos entre as estrelas
Que passeiam nuas no céu noturno.

39 - PLENITUDE

We are all the country that we need.
And we will walk together,
In the various shades of your gaze,
And in our words, whispers, phrases.
I will hide my secrets in the palm of your hand
And I'll know your certainty.
When a breath of light
Lighten the weight of my fears.
Because the bonds of this fear
Do not stop me.
We will be safe in the complacency of light
Until the impossible hour
That will ignite our footprints.
And then we shall have attained fullness,
And we'll be among the stars
Who walk naked in the night sky.

40 - POEMAS E SONHOS

Tenho as marcas fundas
dos teus rastros no meu peito.
Pisando um chão de poesia,
vejo poemas em você,
vejo sonhos em você,
minha Divina Princesa.
Dá-me um suco de laranja
Para saciar a minha saudade!

40 - POEMS AND DREAMS

I have the deep marks
Of your traces on my chest.
Treading a floor of poetry,
I see poems in you,
I see dreams in you,
My Divine Princess.
Give me some orange juice.
To satisfy my longing!

41 – PROTEGIDA

Não colhi a tua rosa,
Nem toquei as tuas pétalas,
Só para verte eterna e sublime,
Nos ramos da roseira.

A tua luz é feita de estrelas
E de raios de noite e penumbra,
E se esparge de dia o teu colorido,
Cintilante e luminosa de Sol,
Sob um céu de Outono chuvoso.

Admirei a tua Primavera exuberante,
E cantei o teu Verão mais viçoso.
E as pétalas nada perderam da tua flor,
Da robustez e do vigor formoso,
Quando este Inverno se assanhou.

Afastei a intempérie amanhecida,

E tua morada protegida da investida.
E aí continuas bela e sedutora
Iluminando com tua face de rubor
Cada canto deste roseiral.

41 – PROTECTED

I did not reap your rose,
I did not touch your petals,
Only to see you eternal and sublime,
On the branches of the rose bush.

Your light is made of stars
And from the rays of night and gloom,
And if it spreads by day your color,
Shimmering and luminous sun,
Under a rainy autumn sky.

I admired your exuberant spring,
And I sang your summer more lush.

And the petals have lost nothing of thy flower,
Of robustness and beautiful vigor,
When this winter got cheeky.

I pushed the thorny weather daybreaked,
And your home protected from the onslaught.
And there you continue beautiful and seductive
Illuminating with your blushing face
Every corner of this rose garden.

42 - RECOLHI-ME AO GESTO DO TEU RECEIO

Recolhi-me ao gesto do teu receio, e restringi a distância entre os teus pés e o meu rosto a inalcançáveis três ou quatro passos afastado.
Naquele precioso momento, esse ínfimo espaço representava milhões de anos-luz.
Era tudo tão quieto e repousante, que se podiam ouvir as gotas do tempo escoando pelo ralo das horas.
Teu vulto parado na penumbra, envolvido por uma contida e sossegada tensão, dominava a cena com o rigor da perfeição.
Senti um calor espalhar-se pelo meu rosto.
Parecia desnecessário respirar o oxigênio, diante do irresistível alento daquela sedução: um vulnerável corpo procura o Céu para oferecer sua flor ao Infinito.
O roupão escorrega sobre os ombros com uma angustiante lentidão, deslizando

demoradamente sobre os braços, cintura, coxas,
e vagarosamente amontoa-se sobre os teus pés,
formando um pedestal como um suporte que
sustenta uma valiosa estátua de mármore.

42 - I WITHDRAW MYSELF TO THE GESTURE OF YOUR FEAR

I gathered myself to the gesture of your fear, and restrained the distance between your feet and my face to unattainable three or four steps away. At that precious moment, this tiny space represented millions of light years.
It was all so quiet and restful, that you could hear the drops of time draining through the drain of time.
Your figure standing in the gloom, enveloped by a contained and quiet tension, dominated the scene with the rigor of perfection.
I felt a heat spread over my face.
It seemed unnecessary to breathe the oxygen across from the irresistible breathing of that seduction: a vulnerable body seeks Heaven to offer its flower to the Infinite.
The robe slips over his shoulders in an agonizing slowness, sliding slowly over his arms, waist,

thighs, and slowly heats on your feet, forming a pedestal like a stand that holds a valuable marble statue.

43 - SEREIA RECORRENTE

Uma sereia recorrente
Tumultua meus sonhos
Com sua cauda espalhafatosa
Coberta de reluzentes moedas de ouro.

Quando o primeiro raio de sol
Mergulha na água azul do mar,
Uma disposição incomum toma conta dela,
E ela vem estender-se sobre uma rocha.

Seu corpo inteiro se ilumina
Com um brilho resplandecente.
Ela tem olhos de esmeralda
E pode ser ouvida ao longe
Porque sua voz tem timbres mágicos
E seu canto é hipnótico.

O pânico e o desespero repentino

Espalham-se pelos meus ossos...
Eu corro, desabaladamente, na direção dela,
Com aquela ansiedade dos fantasmas,
Que precede os acontecimentos.

Mas, à medida em que eu me aproximo,
A imagem dela vai desvanecendo-se,
E a última coisa que vislumbro,
Antes de desmoronar no chão,
São seus grande olhos verdes.

Ela passa por mim quase flutuando.
Sei disso porque percebo
Que seus pés deixam pegadas
Quase imperceptíveis,
Porque eles mal tocam nos grãos
Da areia desta paia feiticeira.

43 - RECORRENT MERMAID

A recurring mermaid
Tumbles my dreams
With its flamboyant tail
Covered with gleaming golden coins.

When the first ray of sun
Dive into the blue water of the sea,
An unusual disposition takes hold of her,
And she comes to lie on a rock.

Your whole body lights up
With a resplendent glow.
She has emerald eyes.
And she can be heard in the distance.
Because her voice has magic timbres
And your singing is hypnotic.

The panic and the sudden despair

SpreadS through my bones ...
I run, unflinchingly, toward her,
With that anxiety of ghosts,
That precedes the events.

But as I approach,
Her image fades,
And the last thing I glimpse,
Before collapsing on the floor,
Are her big green eyes.

It passes me by almost floating.
I know that because I understand
That your feet leave footprints
Almost imperceptible,
Because they barely touch the grains
From the sand of this enchantress beach.

44 - SETEMBRO

(Para *Terezinha Pasa*)

O Amor é azul em Setembro.
Já é tradição, não esqueço.
Ela, flores delicadas plantando
Num pequeno jardim dourado;
Eu, o muro de tijolos pintando
Da cor e do jeito que ela pediu.

Setembro manda aragens
Para arrepiar a tua pele.
Tuas roupas de jardineira
Desnudam braços e pernas,
Tão alvos de Junho e Julho,
Tão brancas de inverno.

Eu aqui, cheio de tintas
Já apaguei os dizeres
De uma velha camiseta.
É um borrão, mas é bela

vívida como um óleo sobre tela
Que gotejou numa tarde alegre
Da alma de Jackson Pollock.

O Amor é te ver animada
Chegando à tardinha
Mais do que atrasada;
Te encontro no portão
Com os pacotes do mercado.
Te aperto contra meu peito
O mundo já faz sentido.
E tudo está perfeito.
Teu abraço é quente
e teu beijo é morno.

Entre pratos e panelas
vou fatiando as verduras
Da maneira que ela gosta.
Saco a rolha de um Chardonay
Ponho duas taças na mesa.
Sirvo-as só até a metade.
Brindamos e bebemos um gole

Envolvidos pelos aromas
Da pimenta do reino branca
E do cheiro bom da noz moscada.

A noite é calma, é silêncio.
Sem nuvens, o céu é só nosso.
Ao longe, na abóboda da noite
Um enxame de estrelas cadentes
Risca o breu insondável do infinito.

Fecho as janelas, tranco as portas.
Ela diz que seu coração é meu
E me confia seus tesouros divinos.
Ninguém é mais rico do que eu.
No meio da noite, ela me acorda:
Conta que sonhou que eu a abraçava.
Suspiramos... Porque é Setembro...
E estreitamo-nos um pouco mais.

44 - SEPTEMBER
                (To Terezinha Pasa)

Love is blue in September.
It is tradition, I do not forget.
She, delicate flowers is planting
In a small golden garden;
Me, the brick wall am painting
With color and the way she asked.

September sends breezes
To shiver your skin.
Your female gardner clothes
Denudates arms and legs,
So June and July niveos,
So whites of winter.

I here, full of inks,
I deleted the sayings
From an old T-shirt.
It's a blur, but it's beautiful.

Vivid as an oil on canvas
That dripped on a happy afternoon
From the soul of Jackson Pollock.

Love is to see you excited
Arriving in the afternoon
More than late;
I'll meet you at the gate.
With the packages from the market.
I press you against my chest
The world already makes sense.
And everything is perfect.
Your embrace is hot
And your kiss is lukewarm.

Between dishes and pans
I'm going to slice the vegetables.
The way she likes it.
I take away of a Chardonay's cork
I put two goblets on the table.
I serve them only halfway.
We toast and sip a gulp

Involved by aromas
From the white pepper
And the good smell of nutmeg.

The night is calm, it is silence.
Without clouds, the sky is ours only.
In the distance, in the vault of the night
A swarm of shooting stars
Strikes the unfathomable pitch of infinity.

I close the windows, I lock the doors.
She says that her heart is mine.
And entrusts to me her divine treasures.
No one is richer than I am.
In the middle of the night, she wakes me up:
Tell me she dreamed that I was holding her.
We sigh ... Because it's September ...
And we narrowed a little more.

45 - SONÂMBULO

O meu amor é tão singular e profundo
Vivo no paraíso da minha paixão,
Um maravilhoso sonambulismo.

Essa paixão, meu amor, não foi planejada.
Ela veio devagar e de repente.
Eu a vi insinuando-se, aproximando-se.
Vi com entusiasmo, emoção e euforia.
E aí já era irreversível e para sempre.

Amo com toda a impunidade,
E sem medir consequências.
Amar tornou-se um raciocínio lógico
e descomplicado para mim.
É o Universo sem mistérios.

Eu quero abraçar você eternamente,
Na quietude repousante da imobilidade.

Já cedi ante essa força esmagadora,
Que me faz querer guardar você
Em algum lugar dentro do meu peito.

Eu sinto você correndo nas minhas veias,
E percebo cada palpitação sua,
Em cada célula minha.
Vivo em estado de graça
Nas longas frases do seu silêncio.
É assim que eu amo você.

45 – SONAMBULANT

My love is so unique and profound.
I live in the paradise of my passion,
A wonderful sleepwalking.

This passion, my love, was not planned.
It came slowly and suddenly.
I saw it hinting, approaching.
I watched with enthusiasm, excitement and euphoria.
And then it was irreversible and forever.

I love with all the impunity,
And without measuring consequences.
Amar has become a logical reasoning
And uncomplicated for me.
It is the Universe without mysteries.

I want to hold you forever,
In the quiet stillness of immobility.
I have given in to this overwhelming force,
That makes me want to save you.

Somewhere inside my chest.

I feel you running in my veins,
And I perceive every throb of yours,
In every cell of mine.
I live in a state of grace
In the long phrases of your silence.
This is how I love you.

PLANEJAMENTO GRÁFICO:
Paulo Moraes
SUPERVISÃO:
Terezinha Pasa
Editora PASA MORAES
Porto Alegre-RS
BRASIL
Tel – 55 51-32260246

Printed in Great Britain
by Amazon

EGYPT

Travel Guide:

for tourist

Wanderlust Will

Copyright © 2023 Wanderlust Will

All rights reserved. No part of this Egypt Travel Guide may be reproduced, stored in a retrieval system, or transmitted in any form or by any means, electronic, mechanical, photocopying, recording, or otherwise, without the prior written permission of wanderlust will.